BEI GRIN MACHT SICH IHR WISSEN BEZAHLT

- Wir veröffentlichen Ihre Hausarbeit, Bachelor- und Masterarbeit

- Ihr eigenes eBook und Buch - weltweit in allen wichtigen Shops

- Verdienen Sie an jedem Verkauf

Jetzt bei www.GRIN.com hochladen und kostenlos publizieren

Christine Bulla

Gewalt in Stanley Kubricks "A Clockwork Orange"

GRIN Verlag

Bibliografische Information der Deutschen Nationalbibliothek:

Die Deutsche Bibliothek verzeichnet diese Publikation in der Deutschen Nationalbibliografie; detaillierte bibliografische Daten sind im Internet über http://dnb.d-nb.de/ abrufbar.

Dieses Werk sowie alle darin enthaltenen einzelnen Beiträge und Abbildungen sind urheberrechtlich geschützt. Jede Verwertung, die nicht ausdrücklich vom Urheberrechtsschutz zugelassen ist, bedarf der vorherigen Zustimmung des Verlages. Das gilt insbesondere für Vervielfältigungen, Bearbeitungen, Übersetzungen, Mikroverfilmungen, Auswertungen durch Datenbanken und für die Einspeicherung und Verarbeitung in elektronische Systeme. Alle Rechte, auch die des auszugsweisen Nachdrucks, der fotomechanischen Wiedergabe (einschließlich Mikrokopie) sowie der Auswertung durch Datenbanken oder ähnliche Einrichtungen, vorbehalten.

Impressum:

Copyright © 2004 GRIN Verlag GmbH
Druck und Bindung: Books on Demand GmbH, Norderstedt Germany
ISBN: 978-3-640-18398-2

Dieses Buch bei GRIN:

http://www.grin.com/de/e-book/37582/gewalt-in-stanley-kubricks-a-clockwork-orange

GRIN - Your knowledge has value

Der GRIN Verlag publiziert seit 1998 wissenschaftliche Arbeiten von Studenten, Hochschullehrern und anderen Akademikern als eBook und gedrucktes Buch. Die Verlagswebsite www.grin.com ist die ideale Plattform zur Veröffentlichung von Hausarbeiten, Abschlussarbeiten, wissenschaftlichen Aufsätzen, Dissertationen und Fachbüchern.

Besuchen Sie uns im Internet:

http://www.grin.com/

http://www.facebook.com/grincom

http://www.twitter.com/grin_com

Ludwig-Maximilian-Universität München
Institut für Kommunikationswissenschaft und Medienlehre
Proseminar 1: Medienlehre

WS 2004/05

Gewalt in Stanley Kubricks „A Clockwork Orange – Uhrwerk Orange"

Christine Bulla
Dipl. Soziologie

München, den 28.02.2004

1. Einleitung 4

2. Gewaltdefinitionen..4

3. Ausgewählte Thesen zur Wirkung von Gewalt nach Kunczik......................5
   Katharsisthese 5
   Inhibitionsthese 6
   Kognitive Unterstützung 6
   Stimulationsthese 6
   Habitualisierung 7
   Lerntheoretische Position 1 7
   Lerntheoretische Position 2 7
   Suggestion 7
   Rechtfertigung von Verbrechen..8
   Zusammenfassung der Thesen..8

4. „A Clockwork Orange – Uhrwerk Orange"..9
   4.1 Technische Daten...10
   4.2 Inhalt...10
   4.3 Quantitative Auszählung der vorkommenden Gewaltformen 11

5. Katharsis 14
   5.1 Katharsis durch Schocktherapie: Die Ludovico Therapie...........................14
   5. 2 Ist eine Heilung wirklich möglich? 15

6. Schlussbetrachtung: Gewalt in weiteren Stanley Kubrick Filmen 16

7. Referenzen..17

1. Einleitung

In der vorliegenden Seminararbeit soll die Gewalt in Stanley Kubrick Film Clockwork Orange aus dem Jahre 1971 analysiert werden. Ein Aspekt der Analyse wird die Bezugnahme auf die Wirkungsthesen von Gewalt nach Kunczik darstellen: Hier wird ein besonderes starker Fokus auf die, auf Aristoteles zurückgehende Katharsisthese gelegt, da sie im Film auf spezielle Art und Weise eingesetzt wird. Ein weiterer Aspekt der Arbeit wird eine quantitative Untersuchung der Gewalt darstellen, wobei die filmisch inszenierte Gewalt in sieben verschiedene Kategorien, wie Schlagen, Bedrohen oder Vergewaltigung geklustert wird. Für deren Analyse wird an den Anfang der eine allgemeine Definition von Gewalt gestellt.

2. Gewaltdefinitionen

In der Literatur gibt es fast so viele Definitionen von „Gewalt", wie es Autoren zu diesem Thema gibt. Jeder definiert Gewalt ein bisschen anders. Sie ist abhängig vom Kontext, d.h. die jeweilige Situation und die Absicht der Handelnden sind zu berücksichtigen. Was z.B. der eine noch als Spaß bezeichnet, ist für den anderen bereits schlimmes Mobbing.

Um den Film Clockwork Orange zu analysieren, soll die allgemein gehaltene Definition von Popitz (1992, zitiert bei Mikos 2000, S. 4) zugrundegelegt werden. Er versteht unter Gewalt eine Machtaktion, die zur absichtlichen körperlichen Verletzung anderer führt. Diese allgemeine Definition lässt sich weiter in Unterkategorien einteilen. So wird Gewalt nach der Art der Ausführenden unterschieden in personale und strukturelle Gewalt. Personale Gewalt wir nach Kunczik (1993) als „beabsichtigte physische und/oder psychische Schädigung einer Person, von Lebewesen und Sachen durch eine andere Person" definiert (S. 11). Strukturelle Gewalt ist nach Galtung (1971) eine „in einem sozialen System eingebaute Gewalt (Ungerechtigkeit), die sich, ohne dass ein konkreter Akteur sichtbar sein muss und ohne dass sich das Opfer der strukturellen Gewalt dieser „Vergewaltigung" bewusst sein muss, in ungleichen Machtverhältnissen (Lebenschancen) äußert" (zitiert bei Kunczik 1987, S. 17). Weiterhin lässt sich die personale Gewalt in physische und psychische Gewalt unterteilen. Unterschieden wird hier nach der Art der Gewaltausübung. Zur körperlichen Gewalt zählen z.B. Schläge oder Folter. Seelische Gewalt kann schon bei harmlos wirkenden Beleidigungen einsetzen. Hier kommt dann wieder das Problem der schwammigen Definitionen zum Tragen, da jeder Mensch seine persönliche Grenze zwischen Spaß und Ernst anders setzt. Ziel aller Arten von Gewaltausübung ist jedoch immer die psychisch/physische oder sozial-interaktive Schädigung anderer Menschen, kurzfristig oder langfristig.

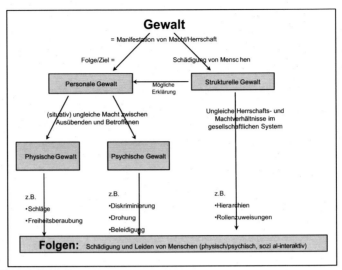

Grafik vgl. Theunert, 1996, S. 61

3. Ausgewählte Thesen zur Wirkung von Gewalt nach Kunczik

Die folgenden Wirkungsthesen zur Rezeption von Gewalt gehen alle auf die Zusammenfassungen von Kunczik (vgl. 1987, 1993, 1996) zurück. Es werden nicht alle Thesen erwähnt, da diese zum Teil für das gewählte Thema ohne Bedeutung sind. Die Reihenfolge der Aufzählung ist beliebig und soll keine Wertung abgeben. Nur die Katharsisthese nimmt im Zusammenhang der Arbeit einen höheren Stellenwert ein, da sie im analysierten Film „A Clockwork Orange" eine wichtige Rolle spielt.
Bei der Prüfung der Thesen ergaben sich Probleme u.a. dadurch, dass unter den Studien, die diese Thesen belegen sollten, nur wenige Langzeituntersuchungen waren. Eine zu geringe Zahl der Probanden, brachte mangelnde Repräsentativität mit sich. Auch waren einige Laborexperimente zu künstlich und zu kurzfristig angelegt. Die inhaltsanalytischen Studien hatten zudem Probleme mit ihren Abgrenzungskriterien unter anderem bei der Definition des Begriffes „Gewalt". (Kunczik 1987, S. 44)

Katharsisthese

Die Katharsisthese greift auf den Katharsis-Begriff des Aristoteles (um 350 v. Chr.) zurück. Er wandte diesen Begriff an auf die antike griechische Tragödie und ihre Wirkungsweise auf den Zuschauer: Die kathartische oder läuternde Wirkung wird ausgelöst durch ganz bestimmte Situationen mit spezifischen Helden, die beim Publikum Mitleid (eleos)und Furcht (phobos) erregen. Im 18. Jh. wandelte Lessing den Katharsis-Begriff ab. Danach bedeutete die kathartische Reinigung nichts anderes, als die Verwandlung der Leidenschaften in tugendhafte Fertigkeiten. Heutzutage besagt die Katharsisthese, dass die Rezeption eines aggressiven Aktes eine kathartische (reinigende) Wirkung hat in dem Sinne, dass dadurch die Anreize zur Ausführung körperlicher Gewalt vermindert werden.
In der Literatur werden drei unterschiedliche Katharsisformen genannt:

Die Katharsis erfolgt allein durch eine Fantasieaggression, also allein der Gedanke an Gewalt vermindert die Anreize zur eigenen Gewaltausübung.

Die Katharsis durch Fantasieaggression erfolgt nur, wenn der Rezipient emotional erregt ist oder selbst zur Aggression neigt.

Die Katharsis erfolgt nur, wenn auch die Schmerzen des Aggressionsopfers in aller Ausführlichkeit gezeigt werden.

Alle drei Formen sind mittlerweile empirisch widerlegt worden. So gibt es Untersuchungen, wonach die Aggressionsneigungen nach dem Konsum von Gewaltdarstellungen eher anstiegen. Außerdem sind die empirischen Belege für kathartische Wirkungen von Gewaltdarstellungen wohl nur dadurch zustande gekommen, dass diese Untersuchungen eine Reihe von methodischen Schwächen aufwiesen. Werden diese methodischen Kritikpunkte berücksichtigt, zeigen sich keine kathartischen Wirkungen (im Sinne einer Verringerung der Tendenz zu aggressivem Verhalten nach dem Betrachten von Gewaltdarstellungen). (Freitag, Zeittner, 1999, S. 23)

Inhibitionsthese

Die Inhibitionsthese (lat: inhibere: unterbinden) stellt eine alternative Interpretation der Katharsisthese dar. Sie besagt, dass durch die Beobachtung von Aggression beim Rezipienten Aggressionsangst ausgelöst wird, die die Bereitschaft mindert, selber Aggression auszuüben. (Kunczik, 1993, S. 100)

Kognitive Unterstützung

Die kognitive Unterstützung stellt eine weitere Variation der Katharsisthese dar. Laut Feshbach und Singer (1977) ist „die Fähigkeit, sich in Fantasietätigkeiten ergehen zu können, ein adaptiver Mechanismus, der es ermöglicht, den unmittelbaren Ausdruck von Impulsen zu kontrollieren und zu verschieben" (zitiert bei Kunczik 1987, S. 50). Der Rezipient soll sich also Gewalt nur noch vorstellen und sie in seiner Fantasie ausleben, nicht in der Realität. Personen mit begrenzten kognitiven Fähigkeiten sollen durch externe Quellen, z.B. durch das Fernsehen, mit fantasieanregendem Material versorgt werden.

Im Experiment von Feshbach und Singer ließ sich allerdings kein Beleg dafür finden, dass männliche Jugendliche mit begrenzten kognitiven Fähigkeiten und relativ schwach entwickelter Einbildungskraft durch aggressive Fernsehsendungen eine kognitive Unterstützung erfahren, die sich durch Abnahme manifester Aggression zeigt. (Kunczik, 1987, S. 50 ff)

Stimulationsthese

Die Stimulationsthese, besagt das Gegenteil der Katharsisthese, nämlich, dass durch das Ansehen violenter Inhalte beim Rezipienten die Aggressionsbereitschaft steigen soll. Diese These lag den „Wisconsin Studien" von Berkowitz (1970) zugrunde, in denen frustrierten und nichtfrustrierten Studenten Filme gezeigt wurden, in denen Gewalt als gerechtfertigt oder nicht gerechtfertigt dargestellt wurde. Die daraus resultierende Aggressivität der Studenten sollte durch ausgeteilte Elektroschocks im Rahmen eines fingierten Experiments gemessen werden. Das Ergebnis der Studie zeigte jedoch keinen messbaren eindeutigen medienduzierten Aggressionsanstieg bei den Studenten. (Kunczik 1993, S. 100)

Habitualisierung

In dieser These geht es darum, dass sich Rezipienten bei häufigem Fernsehkonsum an die Gewalt gewöhnen und deshalb psychisch abstumpfen. Das Abnehmen intensiver emotionaler Reaktionen bei der Beobachtung fiktiver Gewaltakte wird als Indikator gesehen für das Abstumpfen auch gegenüber realer Gewalt. Es liegen aber keine Daten vor, die diese These stützen oder einer Veränderung der Persönlichkeitsstruktur der Rezipienten dahingehend belegen, dass sich Gleichgültigkeit gegenüber realer Gewalt entwickelt. (Kunczik 1996, S. 18)

Lerntheoretische Position 1

Die Lerntheorie geht auf Albert Bandura und seine Theorie des Beobachtungslernens zurück.

Sie vertritt die Annahme, dass violente Unterhaltungssendungen die Zuschauer – insbesondere Kinder und Jugendliche – mit Handlungsmustern versorgen, die zwar meistens latent bleiben, aber unter adäquaten situativen Bedingungen doch in manifestes Verhalten umgesetzt werden können. Bei den Rezipienten besteht also die Möglichkeit, dass sie die Gewalt in den Medien nachahmen. Bandura nimmt also an, dass viele im Fernsehen angebotenen Modelle die Aufmerksamkeit des Zuschauers derart in Anspruch nehmen, dass einige der angebotenen Inhalte ohne weitere besondere Anreize, unbewusst, gelernt werden. (Kunczik 1993, S. 101)

Lerntheoretische Position 2

Eine weitere Lerntheorie besagt, dass das Verhalten durch eine Wechselwirkung von psychischen und Umweltdeterminanten bestimmt wird. Die Erwartungen beeinflussen das Verhalten und die Folgen des Verhaltens verändern wiederum die Erwartungen. Die erwarteten Konsequenzen zukünftigen Verhaltens können gegenwärtiges Verhalten bestimmen. Das aggressive Verhalten ist aufgrund der zu erwartenden Konsequenzen - wie etwa Furcht vor Bestrafung - Hemmungen unterworfen. Das deviante Verhalten ist laut Bandura nicht situationsübergreifend konsistent, da das Handeln vom Denken kontrolliert wird. Der Medienkonsum stellt nur einen Faktor von vielen in der Persönlichkeitsentwicklung dar, weshalb sein Einfluss proportional nur so groß sein kann wie die Menge des Medienkonsums. Dies hat sich in Studien bestätigt, auch wenn es dabei methodische Probleme gab, wie etwa die Nichtberücksichtigung der kulturellen Vergleichbarkeit. Einige Probanden reagierten aber auch besonders stark auf aggressive Medieninhalte, die Attraktivität von Gewalt für sie erhöhten und zu weiterem verstärkten Gewaltkonsum führten. (Kunczik 1993, S. 103 ff.)

Suggestion

Die Suggestionsthese stellt die Imitationsthese in modifizierter Form dar. Diese These, die aber heutzutage in der Literatur nicht mehr vertreten wird, besagt, dass die Beobachtung einer Gewalttat beim Rezipienten zu einer mehr oder weniger anschließenden Nachahmungstat führt.
Nach Studien von Phillips (1974, 1982) stieg die Zahl der Selbstmorde nach der Veröffentlichung von Berichten über Selbstmorde an – der sogenannte „Werther-Effekt". Nach seinen Studien fanden auch Selbstmorde in Soap Operas Nachahmer. Kessler und Stipp wiesen den Zusammenhang zwischen Selbstmordrate und dargestellten Selbstmorden in Soap Operas jedoch vehement zurück: danach

lagen in 8 von 13 Fällen Fehldatierungen vor, d.h. der Anstieg der Selbstmordrate erfolgte, bevor die jeweiligen Sendungen ausgestrahlt wurden. (Kunczik 1993, S. 101 f)

Rechtfertigung von Verbrechen

Diese These besagt, dass die Mediengewalt zur Rechtfertigung (Ex ante und ex post facto) von Verbrechen bzw. Aggressionen dienen kann. Aggressive Individuen konsumieren also violente Programme, weil sie so ihr eigenes Verhalten als normal einstufen bzw. sich die Illusion aufbauen können, sie agierten wie ein Fernsehheld. Dadurch, dass jegliche Verantwortung gegenüber den eigenen Taten abgelehnt wird, erlaubt die These dem Delinquenten, sich selbst als fremdbestimmt zu betrachten. Er sieht sich selber als „Billardball". Als wohl bekanntestes Beispiel hierfür kann der Mord an Sharon Tate durch Charles Manson und seine Gang angeführt werden, die den Mord mit den Worten „We are what you have made us" rechtfertigen wollten. Laut Kunczik 1993 behauptete die Verteidigung des 15-jährigen Täters beim Mord an einer Rentnerin behauptete die Verteidigung des 15-jährigen Täters, er sei unschuldig und „leide an einer intensiven, den freien Willen ausschließenden Fernsehvergiftung, die ihn veranlasst habe, total fremd bestimmt, das Skript eines Fernsehspiels nachzuleben." (S. 102).

Zusammenfassung der Thesen

In Kunczik Thesen kann also einerseits die Abnahme, andererseits die Zunahme von Gewalt belegt werden, wobei die eisten Thesen nur in der Theorie funktionieren und in praktischen Experimenten und Feldexperimenten zu völlig anderen Ergebnissen geführt haben.

Gröbel und Gleich (1993) haben die Ergebnisse zusammengefasst. Laut ihnen ist der Abbau von Aggressionen durch Mediengewalt in keiner neueren Studie belegt worden. Die Katharsisthese konnte in letzter Zeit nicht mehr verifiziert werden.

Weiter kann gesagt werden, dass die kurz- und langfristige Wirkungen der Gewaltrezeption sehr unterschiedlich sein können. Aggression und Angst können verstärkt werden, dieses hängt jedoch sehr stark von den Persönlichkeitsmerkmalen und der jeweiligen Erlebniswelt des Rezipienten ab. Pauschal betrachtet kann jedoch gesagt werden, je weniger nicht-mediale Erfahrungen und Erlebnisse gemacht werden, desto größer ist die Wahrscheinlichkeit des Medieneinflusses, wenn dann doch einmal Gewalt rezipiert wird. Gröbel und Gleich merken auch an, dass neben Gewaltinhalten die Darstellungsformen auch eine wichtige Rolle spielen, die Quantität der Gewaltdarstellungen ist für eventuelle Wirkungen ihrer Meinung nach jedoch unwesentlich (Gröbel; Gleich 1993, S. 25).

Eine Analyse der Gewalt im Film *A Clockwork Orange* wird sich nun näher mit der Wirkung der Katharsisthese befassen und soll herausfinden, wie ihre Anwendung im Film verläuft und ob sie erfolgreich ist.

4. „A Clockwork Orange – Uhrwerk Orange"

„*A Clockwork Orange*" aus dem Jahre 1970/71 ist ein Film des angloamerikanischen Regisseurs Stanley Kubrick (1928-1999) und basiert auf dem im Jahre 1962 verfassten Buches des britischen Autors Anthony Burgess. Das Werk gilt nun seit über 30 Jahren als bissige Gesellschaftssatire und beschäftigt sich mit der Frage, ob Staat und Gesellschaft das Recht haben, kriminelle Gewalt dadurch zu bekämpfen, dass man dem „Gewalttäter" den freien Willen nimmt. Im Werk erzählt die Hauptfigur, Alex DeLarge, seine Geschichte vom „Gewalttäter" zum „willenlosen Subjekt" aus der Ich-Perspektive. Noch heute überrumpelt der Film die Zuschauer, indem er sie ständig aufs Neue mit den Gewalttaten von Alex und seiner Clique konfrontiert und schockt.

Der Film und sein Regisseur Kubrick wurden seinerzeit mit dem New York Film Critics Award des Jahres 1971 ausgezeichnet. Zusätzlich war *A Clockwork Orange* im selben Jahr für vier Academy Awards nominiert.[1]

Auch heutzutage hat der Film nichts von seiner extremen Darstellungskraft verloren, was man auch daran festmachen kann, dass auf der diesjährigen Berlinale 2005 in der Reihe Retrospective Production Design + Film auch *A Clockwork Orange* gezeigt wurde.

Im Zentrum von Kubricks Filmen steht oft die „Frage der Gewalt", aber nicht so sehr in einem moralisch-ethischen Sinne, sondern tatsächlich als eine Frage, mit der sich der Regisseur intensiv und vor allem im Hinblick auf die Genese von Gewalt, auseinander gesetzt hat. Er glaubt nicht an das Gute im Menschen, was der Regisseur auch durch die Erfindung der Atombombe bestätigt sieht. Er halte viel vom menschlichen Verstand, doch wenig von der menschlichen Vernunft, betrachte sich aber dennoch nicht als Menschenfeind, sei aber an der brutalen und gewalttätigen Natur des Menschen interessiert (vgl. Barg, Plöger 1996, S. 30). Diese Aussagen lassen sich neben *„A Clockwork Orange"* auch anhand seines Vietnam-Films *„Full Metall Jacket"* (1987) oder der Steven King Verfilmung *„The Shining"* (1980) belegen. „Kubrick betont in seinen Gewaltdarstellungen dort das Spannungsverhältnis von individueller Freiheit, zu der er auch die menschliche Gewaltbereitschaft zählt, und gesellschaftlichen Mechanismen direkter und struktureller Art (...)" (ebd., S.32). Figuren, die bei Kubrick im Mittelpunkt des Gewaltuniversums stehen, werden vernichtet. Es gibt keine Chance zu entkommen.

Auch für den angespannten Zuschauer nicht. Durch seine ganz spezielle Art der Kameraführung werden die Rezipienten unweigerlich in die Lage versetzt, in der sie sich mit der Hauptfigur Alex identifizieren müssen. Es entsteht eine Angstlust, wenn dem Zuschauer bewusst wird, dass er sich - als Nur-Betrachter eines Films - fallen lassen kann. Kubrick sagt aber auch, dass wir uns alle auf der Stufe des Unterbewussten mit Alex identifizieren, weil das Unterbewusste kein Gewissen kennt und wir dort alle wie Alex sind, und dass es vielleicht nur auf Gesetze, Moral und unseren angeborenen Charakter zurückzuführen ist, dass wir nicht so werden wie er (ebd., S. 32).

---

[1] 1971: Bester Film, Beste Regie, Bestes adaptiertes Drehbuch, Bester Schnitt

4.1 Technische Daten

Drehort: Großbritannien 1970/71
Verleih: Warner-Columbia
Drehbuch: Stanley Kubrick nach einem Roman von Anthony Burgess
Regie: Stanley Kubrick
Darsteller: Malcolm McDowell (Alex DeLarge), Patrick Magee (Mr. Alexander), Michael Bates (Gefängnisaufseher), Warren Clarke (Dim), Adrienne Corri (Mrs. Alexander), Carl Duering (Dr. Brodsky), etc.
Musik: u.a. Henry Purcell, Ludwig van Beethoven, Edward Elgar, ...
Laufzeit: 137 min
FSK: freigegeben ab 16 Jahren
FBW: wertvoll

Alex und seine Droogs in der Milchbar

4.2 Inhalt

Alex DeLarge ist ein junger Mann, der am liebsten mit seiner bizarren Gang, den "Droogs", durch die Gegend zieht, verprügelt harmlose Passanten, stiehlt und vergewaltigt. Treffpunkt der Clique ist die Korova-Bar - ein kaltes, bedienungsloses Designerlokal - wo "Milch-Plus" (Milch mit synthetischen Drogen) aus den Brüsten von weiblichen Puppen gezapft wird. Die Droogs verständigen sich in einer wild durchmischten Kunstsprache – die teils aus dem Englischen, teils aus dem Russischen kommt. Alex besitzt neben der Gewalt noch eine andere Passion: Ludwig van Beethoven, den er vergöttert. Auf einem ihrer Streifzüge kommen sie zu einer abgelegenen Villa. Durch eine Lüge werden sie hereingelassen. Mit phallischen Nasen maskiert fesseln sie den dort lebenden Schriftsteller Mr. Alexander, verprügeln ihn und vergewaltigen vor seinen Augen seine wehrlose Frau, während Alex „Singing in the rain" singt.

Am nächsten Tag erkennen die Gangmitglieder Alex' Autorität nicht mehr an. Er bestraft sie wenig später gewaltsam, indem er sie verprügelt und dann in einen Fluss wirft. Dim schneidet er außerdem mit einem Messer in die Hand. Die Hierarchie scheint nun wieder hergestellt zu sein.

Alex ist einverstanden, der Kunstsammlerin und Katzenfanatikerin, Mrs. Weathers, einen Besuch abzustatten. Sie fällt aber nicht auf Alex' Lüge herein und öffnet die Türe nicht. Während dieser durch das Obergeschoss ins Haus eindringt, alarmiert sie die Polizei. Alex erschlägt Mrs. Weathers nach einem Kampf mit einer riesigen Penisplastik. Als er fliehen will, schlagen ihn die Droogs mit einer Flasche Milch-Plus nieder und er fällt der Polizei in die Hände.

Auf dem Polizeirevier wird Alex geschlagen und von seinem Sozialarbeiter bespuckt. Er wird wegen Mordes inhaftiert und gelangt in ein brutal geführtes totalitäres Gefängnis. Dort denkt er aber ständig nur daran, so schnell wie möglich wieder entlassen zu werden. Er schmeichelt sich beim Gefängnispfarrer ein und verhält sich vorbildlich und devot. Nach zwei Jahren erhält er eine Möglichkeit, seine Haftzeit zu verkürzen. Die Regierung sucht Kriminelle, um sie mit Hilfe der sogenannten "Ludovico-Technik" von ihrer Gewaltbereitschaft zu heilen. Alex scheint für diese Methode geeignet zu sein und will - trotz der Warnung des Gefängnispfarrers - an dem Programm teilnehmen. Er wird gezwungen, sich unter dem Einfluss von Medikamenten brutale Filmsequenzen anzusehen. Der Spaß daran vergeht ihm schnell, da das Medikament starke Übelkeit hervorruft. Durch das ständige Wiederholen dieser zermürbenden Methode wird Alex gegen Gewalt, Sex und - ungewollt – gegen die 9. Sinfonie von Beethoven konditioniert. Für die Regierung ist die Behandlung erfolgreich abgeschlossen und Alex geheilt. Das Täter-Opfer-Verhältnis kehrt sich nun - wieder in die Freiheit entlassen - um und Alex wird von seinen früheren Opfern verprügelt. Seine ehemaligen Gangmitglieder sind jetzt bei der Polizei und ertränken ihn fast. Er kann sich ins Haus von Mr. Alexander retten. Dieser erinnert sich zuerst nicht an ihn und gewährt ihm Gastrecht. Der Autor hat Mitleid mit ihm – dem Opfer eines brutalen Staates. Doch dann erkennt er Alex, der sich durch ein Lied, dass er beim letzten Besuch gesungen hat, verrät. Mr. Alexander rächt sich, indem er Alex in ein Zimmer einschließt und Beethoven abspielt. Der gequälte Junge sieht nur noch einen Weg, diesen Qualen zu entkommen und springt aus dem Fenster. Durch Glück überlebt er. Die Ludovico-Therapie wird wieder rückgängig gemacht, da der amtierende Minister durch Mr. Alexander politisch unter Druck gesetzt wird. Alex ist "geheilt" und schwelgt wieder in Gewalt- und Sexfantasien, diesmal aber unterstützt und kontrolliert durch die Regierung.

4.3 Quantitative Auszählung der vorkommenden Gewaltformen

„Kubricks Inszenierungen menschlichen Daseins sind stark von der behavioristischen Vorstellung des 'bedingten Reflexes' inspiriert. Seine Figuren agieren nicht selbstständig, sie reagieren bloß mit Anpassung, Abwehr oder Gegenwehr auf die vorgegebenen Machtmechanismen der Gewalt, die zu ändern sie schon gar nicht in der Lage sind – genau wie die Versuchsratten im Käfig, die die Elektroschocks an den Gitterstäben mit Flucht, Apathie oder Aggressionen beantworten." (ebd, S. 52) Hier ist Alex DeLarge derjenige, der gegen die strukturelle Gewalt seiner Umwelt rebelliert und so - auf seine Weise - auf sie reagiert. Seine Taten sollen natürlich durch diese Erklärung nicht entschuldigt werden. Er ist und bleibt ein freier Mensch, der sich für den gewalttätigen Weg entschieden hat.

Im folgenden wird eine quantitative Auszählung aller im Film vorkommenden Gewalttaten versucht. Es wird analysiert, in welchem Teil des Films die Gewalttat vorkommt, was genau passiert und wer Täter und wer Opfer ist.

Die so beobachteten sieben Ausprägungen der Gewalt sind: Schlagen, Vergewaltigung, Randalieren, Bedrohen, Einbruch, Mord und Psychoterror.[2] Kategorien wie Vergewaltigung implizieren fast automatisch auch psychische Gewalt, z.B. Diskriminierung des Opfers durch Entblößung, dies wird aber nicht als eigene Kategorie aufgeführt.

Die für den Zuschauer fast spürbare Gewalt, die Alex während der Behandlung in der Ludovico Klinik widerfährt, indem er gezwungen wird, sich Gewalt auf der Leinwand anzusehen und dabei Brechreiz verspürt, wird an dieser Stelle ebenfalls nicht als eigene Kategorie aufgenommen, da ihr ein eigener Abschnitt dieser Arbeit gewidmet wird.

Die kursiv geschriebenen Gewalttaten geschehen entweder in Alex' Fantasie oder sie werden ihm im Laufe der Behandlung in Filmen gezeigt. Diese werden in der entgültigen Auszählung ebenfalls nicht mit berücksichtigt.

---

[2] Einbruch und Diebstahl stellen zwar keine direkte körperliche Gewalt gegen eine Person dar, schädigen aber trotzdem andere Menschen und wurden deshalb mitaufgenommen

Minute	Tathergang	Täter	Opfer	Kategorie
3	Zusammenschlagen eines „alten dreckigen, stinkenden Suffkopfes" in einer Unterführung	Alex und Droogs	Alter betrunkener Mann	Schlagen
4	Vergewaltigung eines Mädchen in einem alten Theater	Billy Boy und Droogs	Mädchen	Vergewaltigung
6	Schlägerei zwischen Alex und seiner Gang und Billy Boy und seiner Gang	Alex und Droogs	Billy Boy und seine Droogs	Schlagen
8	Wilde Raserei mit einem Auto auf einer Landstraße, wobei einige Autos von der Straße abgedrängt werden „Wir hatten so richtig unseren Spaß mit den anderen Autofahrern und ließen so richtig die Kuh fliegen"	Alex und Droogs	Andere ihnen entgegenkommende Autofahrer	Randalieren
10	Mr. Alexander wird verprügelt, seine Frau wird vor seinen Augen brutalst vergewaltigt „Viel Vergnügen Alter" Sie rauben das Ehepaar aus und randalieren in der Wohnung	Alex und Droogs	Mr. und Mrs. Alexander	Schlagen, Vergewaltigung Diebstahl Randalieren
14	Alex schlägt Kumpel Dim mit Knüppel, da er eine Frau auslacht die „Freude schöner Götterfunken singt" und "weil er kein Benehmen hat"	Alex	Dim	Schlagen
15	Alex droht Dim „Pass er gut auf Dim, falls am Leben bleiben ihm gelegen ist"	Alex	Dim	Bedrohen
23	Alex wird von seinem Sozialarbeiter bedroht Er quetscht ihm die Genitalien, um seinen Standpunkt klar zu machen „Ich bin der einzige Mann, der dich retten kann vor dir selbst"	Sozialarbeiter	Alex	Bedrohen Schlagen
30	Alex droht seinen Droogs „Dieser Sarkasmus passt mir überhaupt nicht"	Alex	Droogs	Bedrohen
32	Alex bestraft die Droogs, in dem er sie verprügelt und ins Wasser schmeißt, Dim schneidet er zusätzlich noch in die Hand	Alex	Droogs	Schlagen
38	Alex bricht bei Mrs. Weathers ein	Alex	Mrs. Weathers	Einbruch
40	Alex kämpft mit Mrs. Weathers, er erschlägt sie mit der Skulptur eines Riesenpenis	Alex	Mrs. Weathers	Mord
42	Alex rennt aus dem Haus, wird von seinen Droogs mit einer Flasche Milch-Plus niedergeschlagen und erblindet – so wird er von der	Droogs	Alex	Schlagen

43	Polizei erwischt und ins Gefängnis gesteckt Polizist drückt Alex auf gebrochene Nase, dieser quetscht ihm dafür die Genitalien, woraufhin ein anderer Polizist ihn schlägt	Polizisten	Alex	Schlagen Schlagen Schlagen
53	In Alex Fantasie peitscht er Jesus aus und tötet einen Soldaten, er kämpft wie wild	Alex	Soldaten, Jesus	Schlagen Mord
109	Film bei Behandlung: Mann wird von Gang verprügelt	Gang	Mann	Schlagen
110	Film bei Behandlung: Mädchen wird vergewaltigt	Gang	Mädchen	Vergewaltigen
118	Zum Beweis der Wirkung der Behandlung wird Alex verprügelt und gedemütigt – er kann sich nicht wehren	Mann	Alex	Schlagen
134	Alex wird von alten besoffenen Mann aus seiner Vergangenheit und dessen Freunden verprügelt	Verwahrloste alte Menschen	Alex	Schlagen
137	Polizisten (ehemalige Droogs) verprügeln Alex und ertränken ihn beinahe	Polizisten (Droogs)	Alex	Schlagen
153	Mr. Alexander quält Alex mit Beethoven Musik, so dass sich dieser aus dem Fenster stürzt	Mr. Alexander	Alex	Psychoterror

Um die Aufzählung übersichtlicher darzustellen, hier eine Grafik, die die Anzahl der Ausprägungen der Gewalt auflistet:

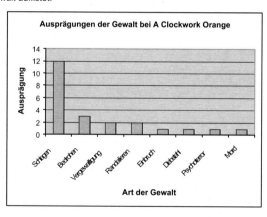

Es zeigt sich, dass die am häufigsten vorkommende Gewalttat, mit 12 gezählten Fällen, das Schlagen ist[3]. Alex und seine Gang verprügeln z.B. den alten Mann unter der Brücke, Alex wird aber im

---

[3] Unter diese Kodierung fallen auch das sich Prügeln mit einer anderen Gang oder das Knüppeln der eigenen Freunde, um ihnen zu zeigen, wer der Chef ist

Gegenzug nach seiner Behandlung auch von seinen ehemaligen Droogs verprügelt und kann sich nicht zur Wehr setzen. Bedroht wird drei Mal: Alex bedroht Dim, der Sozialarbeiter bedroht den devianten Alex und Alex bedroht seine Droogs. Die verbale Drohung steht jedoch nie alleine: sie erfolgt stets nach oder kurz vor einer physischen Gewalttat, wie z.B. Schlagen. Vergewaltigung und Randalieren folgen mit jeweils zwei Ausprägungen, danach Einbruch, Diebstahl, Psychoterror und Mord mit je einem gezählten Fall.

Die Gewalt geht nur von Männern aus, die entweder Gewalt zum Spaß ausüben oder durch das Gesetz mehr oder weniger dazu ermächtigt sind. Mit gesetzlicher Legitimation wird hier Gewalt aber auch missbraucht, wie das Beispiel der ehemaligen Droogs zeigt, die sich als Polizisten genauso verhalten wie ehemals als Bandenmitglieder: Sie zeichnen sich weiterhin durch Gewalt an ihren Mitmenschen aus.

Im ersten Teil des Films wird Gewalt überwiegend als „netter Zeitvertreib" dargestellt, z.b. wenn die Droogs mal wieder „Bock auf Ultra Brutalo haben". Aber auch aus dem Motiv der Rache heraus wird Gewalt ausgeübt, etwa wenn Mr. Alexander Alex mit Beethoven quält oder die Penner über Alex herfallen, um sich für die Untaten zu rächen, die er ihnen vor seiner Behandlung angetan hat.

Frauen sind bei *A Clockwork Orange* immer die Opfer und werden vergewaltigt oder einfach umgebracht, sie schaffen es nicht, sich zur Wehr zu setzen. Selbst die sportliche Katzen-Lady Mrs. Weathers, die sich gegen Alex mit einer Beethoven Statue verteidigen will, geht an seiner Boshaftigkeit zugrunde.

5. Katharsis

Bei der Ludovico-Behandlung soll die Katharsis, die Reinigung, nicht allein durch Rezeption von Bildern geschehen, sondern in Verbindung mit Medikamenten. Hier wird die Behandlung eingesetzt, um der amtierenden Regierung ein Erfolgserlebnis zu verschaffen. Was mit dem „geheilten" Individuum passiert, wie es sich wieder in die Gesellschaft eingliedern soll, dafür gibt es keinen Plan und daran scheitert Alex dann schließlich auch.

5.1 Katharsis durch Schocktherapie: Die Ludovico Therapie

Alex hat sich mit dem amtierenden Innenminister gut gestellt und damit einen Platz als Versuchskaninchen in der Ludovico Klinik ergattert. Hier führen Ärzte die neu entwickelte Ludovico-Technik durch, eine Art Konditionierung gegen deviantes Verhalten.

Ziel der Behandlung ist es, physisch gewalttätige Straftäter gegen Gewalt zu konditionieren, um so die Gefängnisse frei für Wirtschaftsverbrecher oder Steuersünder zu machen. Der Protagonist beschreibt das Prozedere im Film mit folgenden Worten: „Sie steckten mich in eine Zwangsjacke und schnallten meinen Gulliver an einer Stütze fest und steckten Kabel und Schnüre und so was drauf. Dann klemmten sie mir solche Dinger in die Augen, wie Klammern, damit ich sie nicht mehr zumachen konnte, so sehr ich das auch wollte. Mir kam das Ganze sehr idiotisch vor, aber ich ließ sie machen, was sie wollten. Ich würde alles über mich ergehen lassen, oh meine Brüder, in der Aussicht, in zwei Wochen wieder ein freier Maltschik zu sein". Die Behandlung umfasst die Einnahme von Medikamenten, die den Körper allergisch auf Gewalt reagieren lassen, in Verbindung mit der gezwungenen Rezeption von Gewalt in den Medien - wie etwa Bilder eines KZs oder Szenen, in denen eine Gang, die Alex und seinen Droogs sehr ähnlich ist, einen Mann schlägt und eine junge Frau vergewaltigt. Erst gefallen die Bilder dem Probanden, doch dann beginnen die Medikamente zu wirken und Alex wird von einer schlimmen Übelkeit befallen. Als dann zur Untermalung eines Films Beethovens 9. Sinfonie verwendet wird, hält es Alex nicht mehr aus und fleht die Ärzte an: "Ich hab's ja längst begriffen, dass das Ultra Brutale und das Killing falsch ist. Ich seh's doch ein. Hört doch auf. Ich bin geheilt, ich bin geheilt". Nach zwei Wochen qualvoller Behandlung, scheint Alex von seiner Gewalttätigkeit geheilt zu sein und wurde gleichzeitig auch - versehentlich - gegen Beethoven konditioniert. Auf einer Bühne wird er dem staunenden Publikum als sensationeller Erfolg der Behandlung vorgeführt. So kann er sich weder gegen die Tritte eines Mannes wehren, noch das nackte Mädchen anfassen. Die Medien feiern zuerst diesen medizinischen Erfolg, nur Alex - dem ständig schlecht wird, sobald er seine Fäuste zum Zuschlagen heben möchte - ist von dem Behandlungsergebnis ganz und gar nicht begeistert.

5. 2 Ist eine Heilung wirklich möglich?

Alex scheint nun geheilt zu sein. Er könnte sich über seine frühzeitige Entlassung freuen, wird aber schon bald mit den nun auf ihn zukommenden Problemen konfrontiert. So haben seine Eltern einen neuen Untermieter in sein Zimmer geholt, der praktisch seine Funktion als Sohn eingenommen hat. Als Alex ihn vertreiben möchte, kann er nicht, da er von qualvollen Bauchschmerzen und Brechreiz gebeutelt wird. Gedemütigt verlässt er sein ehemaliges zuhause. Auf der Straße wird er von einem alten Mann angebettelt. Er gibt ihm einige Münzen, was er früher nie gemacht hätte, muss dann aber feststellen, dass er diesen Mann mit seinen Droogs vor langer Zeit verprügelt hatte. Die Rache dafür wird schmerzhaft für Alex, der auf einmal von vielen Obdachlosen gepeinigt wird. Da erscheinen plötzlich die „rettenden" Polizisten, die sich jedoch als frühere Droogs von Alex entpuppen. Sie sind ihrerseits auch sauer auf ihren ehemaligen Anführer und nutzen seine Unfähigkeit zur Gegenwehr aus, um ihn böse zu verprügeln und fast zu ertränken. Hier wird die strukturelle Gewalt des Staates sichtbar. Die korrupten Mitglieder der Polizei setzen ihre Schlagstöcke gegen die Bürger ein. Der verletzte Alex flüchtet sich mit letzter Kraft zu einem abgelegenen Haus. Hier wird er vom dem Schriftsteller Mr. Alexander aufgenommen, der Alex für einen Verfolgten der neuen Regierung hält und sich ihm gegenüber solidarisch verpflichtet fühlt. Der Autor berichtet von vielen gequälten Menschen, die von der Polizei verletzt im Wald liegen gelassen werden. Als er aber seinen früheren Peiniger in Alex erkennt, betäubt er ihn und sperrt ihn in seine Dachkammer ein, um ihn mit Beethoven so zu quälen, dass Alex sich durch ein Fenster in den rettenden Tod stürzen will. Er überlebt, landet im Krankenhaus und da nun mittlerweile die Kritik an der Ludovico-Technik so groß geworden ist, dass der amtierende Innenminister beinahe gestürzt worden wäre, wird Alex' negative Konditionierung rückgängig gemacht. Der Minister besucht Alex und bietet ihm einen Job an, wenn er dafür die Regierung, dessen Opfer er wurde, unterstützt. Alex nimmt an.

Dementsprechend hat die Behandlung nicht funktioniert, da sie aus frei denkenden devianten Individuen, unfreiwillige Opfer der Gesellschaft einerseits und der Regierung andererseits gemacht hat. Der freie Wille, und richtet er sich auch nur gegen die Mitmenschen, ist nicht mehr vorhanden. So sagt auch der Gefängnispfarrer über die Behandlung: „Macht diese Technik den Menschen wirklich von Grund auf gut? Güte kommt von innen, heißt frei wählen. Kann ein Mensch nicht mehr frei wählen, ist er nicht Mensch." So wird aus dem lebensfähigen Menschen Alex ein nicht mehr lebensfähiger, da in seinem Verhalten eingeschränkter, Mensch, den seine Spätsünden der Vergangenheit einholen, der Schläge über sich ergehen lassen muss, weil ihn Übelkeit überfällt, wenn er sich wehrt. Ihn treibt die Behandlung in den Freitod, da er lieber sterben möchte, als diese Qualen weiter aushalten zu müssen. Quält ihn vielleicht auch sein schlechtes Gewissen? Oder sieht man nur die Angst in seinen Augen, wenn er auf seine früheren Opfer trifft? Worte der Entschuldigung fallen jedenfalls nicht. So schafft es die Behandlung nicht, die Psyche des Behandelten zu ändern. Das aggressive Verhalten wird nur durch physische Wirkungen unterbunden. Alex zeigt ein gewaltfreies Verhalten nur zwangsweise, aufgrund der Schmerzen, die er nicht ertragen will. Er würde weiterhin gerne schlagen und vergewaltigen, kann es aber nicht mehr, da ihn dann unerträgliche Übelkeit überkommt.

6. Schlussbetrachtung: Gewalt in weiteren Stanley Kubrick Filmen

Gewalt spielt bei Kubrick, wie bereits oben erwähnt, eine entscheidende Rolle. Für den Regisseur ist der Mensch der unbarmherzigste Killer, der je auf Erden jagte (Barg, Plöger, 1996, S. 29). Auch findet er einfach die Bösewichte in einer Geschichte interessanter als die Ehrenmänner. Kubrick beschreibt nicht einfach nur die gewalttätigen Naturzustände menschlicher Gesellschaften, sondern setzt sich kritisch mit dem Spannungsverhältnis von individueller Freiheit und struktureller Gewalt auseinander. Neben Alex und seinen Droogs in *A Clockwork Orange* bewegen sich auch die Figuren in *Wege zum Ruhm* in den starren strukturellen Mechanismen einer Kriegsgesellschaft. So werden zum Scheitern verurteilte Befehle ausgeführt, weil man sich nicht gegen das System stellen kann oder will. Charakteristisch für die Filme des Regisseurs ist es auch, gegen die bekannte „Crime doesn't pay"-Strategie zu verstoßen: in seinen Filmen kann und wird das Böse siegen. Das übliche „Happy end" bleibt aus.
So gibt es etwa für den Schriftsteller Jack in *Shining* kein Entkommen aus dem Albtraum-Hotel, so werden die Astronauten in *2001 - Odyssee im Weltraum* still und leise von ihrem eigens geschaffenen Computer im Schlaf getötet und so wird der Rekrut in *Full Metal Jacket* den eigenen Ausbilder bestialisch ermorden.
Wie in der Arbeit intensiv betrachtet, erfährt also auch das „Versuchskaninchen" Alex in *A Clockwork Orange* am Ende des Films keine wirkliche Heilung – keine Katharsis -, wie sie laut der der gleichnamigen These durch das alleinige Betrachten von Gewalt in den Medien, eigentlich erfolgen sollte. Bei ihm bewirkt die Therapie auch nicht die gewünschte Aggressionsangst, da Alex immer noch den Drang verspürt psychische Gewalt auszuüben. Die Behandlung macht ihn jedoch letztendlich zu einem nicht mehr lebensfähigen Opfer der Medizin, da er nun hilflos von seinen früheren „Bekannten" geschändet werden kann. Wie in der Realität kann demnach kein Erfolg mit der Katharsisthese verbucht werden.

7. Referenzen

Literatur
- **Barg, W.C** (1996): Die Mechanismen der Gewalt – Stanley Kubricks Kino-Visionen. In W. C. Barg; T. Plöger (1996): Kino der Grausamkeit, Bundesverband Jugend und Film e.V. (BJF): Frankfurt, S. 29-55.
- **Groebel, J.; Gleich, U.** (1993): Gewaltprofil des deutschen Fernsehprogramms. Eine Analyse des Angebots privater und öffentlich-rechtlicher Sender. Opladen: Leske +Budrich.
- **Kunczik, M.** (1987): Gewalt und Medien, Böhlau Verlag GmbH & Cie., Köln.
- **Kunczik, M.** (1993): Gewalt im Fernsehen. Stand der Wirkungsforschung und neuer Befunde. In Media Perspektiven 3/93, S. 98-107.
- **Kunczik, M.; Bundesministerium des Inneren** (Hrsg.)(1996): Medien und Gewalt, Bonn.
- **McDougal, S.Y.** (2003): Stanley Kubrick´s A Clockwork Orange, Cambridge University Press, Cambridge UK.
- **Mikos, L.** (2000): Bilder- und Bewegungsrausch. Zur Differenzierung von Action und Gewalt. In: Medien Praktisch, 2/00, S.4-8.
- **Theunert, H.** (1996): Gewalt in den Medien – Gewalt in der Realität. Gesellschaftliche Zusammenhänge und pädagogisches Handeln. KöPäd Verlag, München.
- **Freitag, B.; Zeittner, E.** (1999): Die Katharsisthese. In: tv diskurs 9, S. 19-27.

Webseiten
www.clockworkorange.com aufgerufen am 10.02.2005
http://www.berlinale.de/external/de/filmarchiv/doku_pdf/20052763.pdf aufgerufen am 20.02.2005

Film
A Clockwork Orange, DVD, im Verleih von Warner Brothers 2001.